AF253446

CE DOCUMENT A ETE MICROFICHE
TEL QU'IL SE PRESENTAIT

Couverture inférieure manquante

DÉBUT D'UNE SERIE DE DOCUMENTS
EN COULEUR

DU (DES) FASCICULE(S) N° 1 et 2

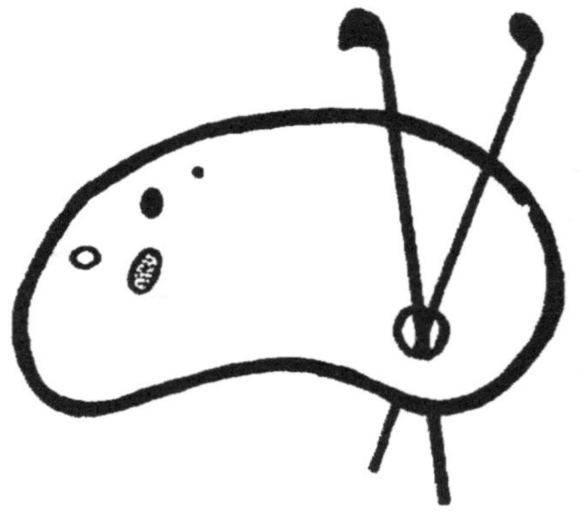

LES
ILES D'HŒDIC ET D'HOUAT

ET LA

PRESQU'ILE DE QUIBERON

ÉTUDE GÉOGRAPHIQUE ET ARCHÉOLOGIQUE

Par l'Abbé P.-M. LAVENOT.

I

VANNES

IMPRIMERIE GALLES, RUE DE LA PRÉFECTURE.

—

1886.

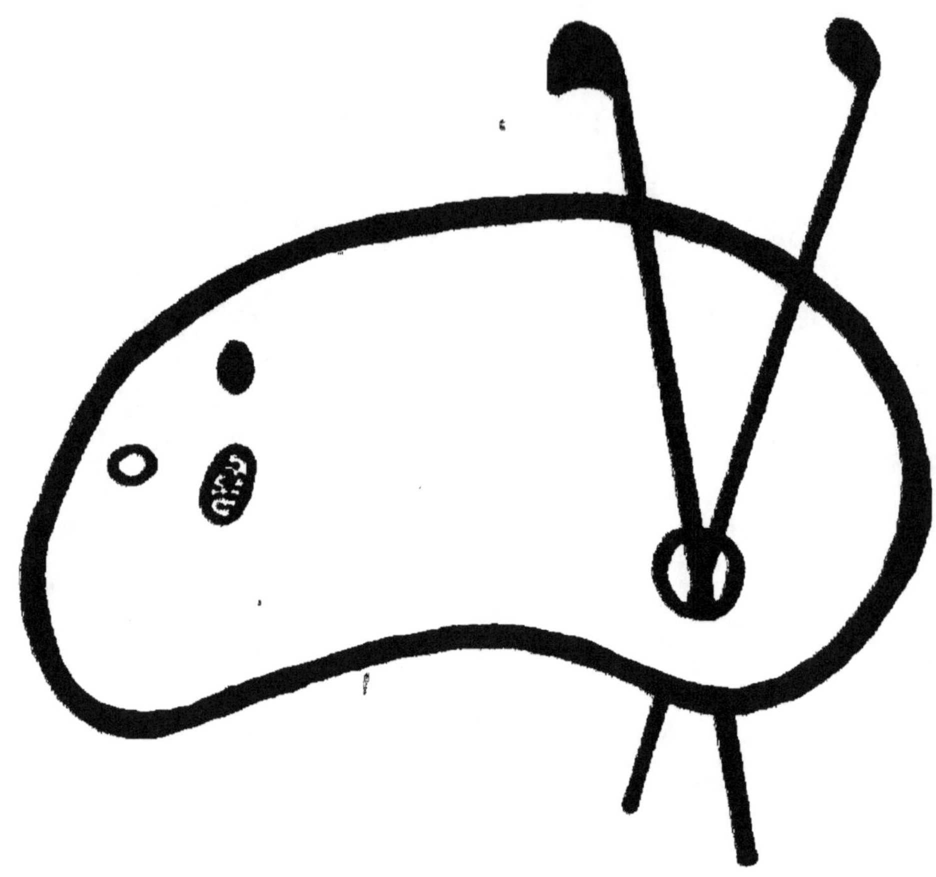

FIN D'UNE SÉRIE DE DOCUMENTS
EN COULEUR

N° 12

LES
ILES D'HŒDIC ET D'HOUAT

ET LA

PRESQU'ILE DE QUIBERON.

ÉTUDE GÉOGRAPHIQUE ET ARCHÉOLOGIQUE.

La presqu'île de Quiberon est aujourd'hui la saillie la plus remarquable du littoral de la France; elle n'a pas moins de quinze kilomètres de long. Mais s'il en faut croire la légende, elle était autrefois beaucoup plus large et beaucoup plus longue. Elle était beaucoup plus large, puisqu'elle s'étendait jusqu'aux Birvideaux dont les habitants venaient en manteaux rouges à la messe à la chapelle de Saint-Clément. Elle était beaucoup plus longue, car elle se prolongeait par Houat et Hœdic jusqu'aux rochers des Cardinaux et peut-être même jusqu'au plateau du Four. On allait à cheval autrefois de Quiberon à Houat. Le plateau du Four s'appelle encore aujourd'hui *Cap-bas, tête du bâton*. Nos ancêtres assimilaient cette longue presqu'île à un *bâton* dont le Four était le *bout*.

Si l'on examine de près cette légende, on la voit revêtir les caractères de la vraisemblance, on peut même dire de la vérité.

D'abord tout le monde sait que l'isthme étroit, sablonneux et couvert de dunes qui réunit Quiberon à Plouharnel, n'est qu'une plage d'alluvions récentes. Sous ces alluvions on trouve des vases marines. Il faut donc chercher ailleurs l'ancienne jonction de Quiberon au continent.

Si du fort Penthièvre, qui se trouve à l'entrée de la presqu'île, on se tourne vers Etel, on est frappé de voir émerger des flots, sur une assez grande largeur, des îlots tels que Rohellan, Téviec, etc., et un grand nombre de rochers. Ce sont évidemment les restes de l'isthme qui réunissait autrefois Quiberon à la terre ferme, la mer a rompu la digue en cet endroit et, de ses débris, a formé l'isthme actuel.

Les îlots de Rohellan, de Téviec et de Tinic ont été explorés, et on y a trouvé les traces de l'homme préhistorique. M. Gaillard de Plouharnel a, depuis quelques années, opéré, dans son voisinage, des fouilles qui ont donné d'excellents résultats. Après avoir recueilli à Téviec une énorme quantité d'éclats de silex et constaté l'existence de beaucoup de débris de cuisine, il conclut en disant : « Il est certain et incontestable par « ces résultats que l'île de Téviec fut occupée par l'homme des dolmens. » Eût-il pu y séjourner et y vivre si c'eût été une île comme aujourd'hui ? » On peut sans témérité répondre par la négative, car actuellement on » aurait de la peine à y séjourner une partie de l'année. »

« Il y a donc eu séparation du continent et envahissement de la mer » depuis cette époque préhistorique. »

Entre l'extrémité Sud-Est de Quiberon et Houat, entre Houat et Hœdic, entre Hœdic et les rochers des Cardinaux, on trouve une suite ininterrompue d'îlots et de rochers qui doivent être les restes d'une longue presqu'île qui partait d'Etel et se prolongeait au moins jusqu'aux Cardinaux. D'Etel aux Cardinaux, l'ancienne existence de cette longue langue de terre peut se constater par les grands tronçons, les îlots et les rochers qui en restent. Mais se prolongeait-elle jusqu'au plateau du Four ? C'est possible, c'est même probable, mais ici le travail destructeur de la mer a été si grand qu'on ne peut rien affirmer avec certitude.

Cette presqu'île était autrefois plus large que ne sont aujourd'hui les tronçons qui ont résisté à la sape de la mer. Les îlots et les rochers qui se voient encore des deux côtés de Quiberon, d'Houat et d'Hœdic, en sont une preuve convaincante.

« Un simple regard jeté du côté de la pleine mer, dit M. Gabriel de » Mortillet, suffit pour reconnaître que la terre ferme (de Quiberon) » devait autrefois se prolonger beaucoup plus au large. En effet, on voit » plusieurs rochers formant îlots sortir du milieu des flots, comme des » témoins du travail accompli par la mer. Cette vue est saisissante et la » conclusion s'impose à tout esprit libre de toute idée préconçue (1). »

La nuit et même le jour, par un gros temps, les navigateurs ne s'approchent des côtes de Quiberon, d'Houat et d'Hœdic qu'avec circonspection. Du reste, sur tout l'emplacement de cette ancienne langue de terre, il y a actuellement encore peu de profondeur ; dès qu'on en sort la profondeur augmente rapidement. Pour s'en convaincre, il suffit de jeter un regard sur une carte marine reproduisant cette partie de notre littoral. Dans les tempêtes la mer y brise partout. Les navires de hauts bords ne peuvent guère franchir cette chaussée sous-marine qu'en trois ou quatre endroits, à la Teignouse, aux Esclassiers, aux Deux-Sœurs, etc. Là la mer ayant eu affaire à un granit plus mou, son travail de désagrégation a été plus facile, et, par là même plus rapide : elle s'y est creusé des passages et plus larges et plus profonds.

---

(1) *L'Homme.* — Journal illustré des sciences anthropologiques, N° de juillet 1885, p. 422.

Si nous nous reportons de vingt-cinq à trente siècles en arrière, nous trouvons cette langue de terre dans presque toute sa longueur et dans presque toute sa largeur. Elle circonscrivait une véritable mer intérieure. Cette mer, qui ne communiquait avec l'Océan que par une seule issue située entre la pointe du Croisic et l'extrémité Sud-Est de notre presqu'île, recevait les eaux des rivières de Crach, d'Auray, de Vannes et de Roden. Elle était alors beaucoup moins étendue que ne sont aujourd'hui les baies de Quiberon et d'Abraham réunies. Par un travail lent mais continu et qui dure encore aujourd'hui, elle a envahi du terrain sur tout son périmètre. Que de villages qui se trouvaient assez loin dans les terres elle a fini par envahir! Elle roule aujourd'hui ses flots sur les ruines de ces bourgades primitives; le navire sille où la charrue traçait son sillon, et le poisson aux chatoyantes couleurs prend ses ébats où paissaient le chevreuil, le bœuf et le mouton. Alors donc sur ces bords enchantés s'élevaient de magnifiques forêts vierges, à l'ombre desquelles vivait une nombreuse peuplade adonnée à l'agriculture, à la chasse et à la pêche. Profondément religieuse comme toutes les tribus celtiques, et, pénétrée du dogme de l'immortalité de l'âme, elle a élevé à ses défunts des tombeaux qui, aujourd'hui encore, nous étonnent et excitent notre admiration. Tumiac, Mané-Lud, Mané-er-hroëg, Saint-Michel, Bég-en-Aud, etc., après vingt-cinq siècles d'existence, imposent encore le respect par leurs gigantesques dimensions. Le mobilier de ces tombeaux nous a quelque peu initiés aux mœurs de cette peuplade primitive.

A quelles causes faudrait-il attribuer la rupture de cette digue qui partait d'Etel et aboutissait aux Cardinaux ou au plateau du Four, et à quelle époque aurait-elle eu lieu?

On doit attribuer la rupture de cette digue à deux causes : l'affaissement du terrain et l'érosion de la mer.

Le Dr de Closmadeuc a prouvé que le lit actuel de la rivière de Vannes s'est affaissé et cela depuis l'époque celtique. Cet affaissement s'est-il borné au lit de la rivière de Vannes, ou s'est-il étendu à l'entour jusqu'à une certaine distance? Cette dernière hypothèse est très probable pour ne pas dire certaine. Entre autres preuves, on en peut donner celle-ci : On trouve dans la baie de Quiberon des racines et des troncs d'arbres. Cette baie a donc été une forêt autrefois, ce qui eût été impossible si le sol n'en eût pas été plus élevé qu'aujourd'hui.

En second lieu, l'érosion de la mer a joué un grand rôle dans la rupture de cette digue. La mer, soulevée par le vent d'ouest, vient aujourd'hui du large s'abattre sur les côtes de Quiberon, d'Houat et d'Hœdic, avec une grande violence. Elle roule d'énormes blocs de pierre et les pousse avec puissance contre la falaise. De celle-ci tombent de temps en temps, avec fracas, de gros quartiers de granit dont la mer se fera de nouveaux instruments de destruction. Le bruit que fait cette mer justement appelée *Sauvage*, s'entend à une grande distance, et l'écume emportée et poussée par la tempête, va tomber dans la baie. Le travail de destruction que fait la mer de nos jours sur ces côtes, nous donne une idée de celui qu'elle a dû y faire dans les siècles passés.

A quelle époque aurait-elle triomphé de l'obstacle ?

Dans sa notice sur la chapelle de Notre-Dame de Lotivi, l'abbé Le Toullec affirme que cela aurait eu lieu vers le IXe siècle ; mais il ne donne aucune preuve de son assertion. Il est très probable que ces bouleversements ont eu lieu après l'époque celtique, car on trouve des traces des Celtes non seulement dans les parties incultes de Quiberon, d'Houat et d'Hœdic, mais même sur les plus petits îlots, sur les plus petites pointes de rochers où la mer a laissé quelques poignées de terre.

Des études plus complètes sur les voies et les monuments romains dans les communes de Carnac, Plouharnel et Erdeven, permettront même, peut-être, de reculer la séparation de Quiberon du continent jusqu'après l'époque gallo-romaine.

VESTIGES CELTIQUES A L'ILE D'HŒDIC.

La superficie de l'île d'Hœdic est d'environ 210 hectares. C'est un rocher granitique recouvert de sable. Entre le granit et le sable il y a une mince couche de terre ou de sable noir et dur ; sur cette terre on trouve ici, comme à Houat et à Quiberon, de nombreux éclats de silex et des fragments de poteries anciennes.

Passons rapidement en revue les vestiges qu'ont laissés les Celtes à Hœdic. *(Suivre les numéros sur la carte.)*

1. — TUMULUS DE BEG-LAGAD.

En allant du village d'Hœdic aux ruines de l'ancien fort, on trouve sur le bord de la côte, à une petite distance de ces ruines, un tumulus composé de terre et de pierres rapportées. Dans son grand axe (Nord-Sud), il mesure environ 25 mètres, il a 15 mètres de large et 2 mètres de haut. En 1879, le meunier d'Hœdic fouilla ce tertre d'après mes indications. Il y fit une tranchée du Sud au Nord, y découvrit une chambre construite avec de grandes dalles. Elle avait été bouleversée précédemment ; quatre des supports seulement étaient en place. La fouille fut mal faite, aussi n'y découvrit-on rien.

La chambre devait mesurer 1m,70 de large et 1m,45 de long, à en juger par les supports debout.

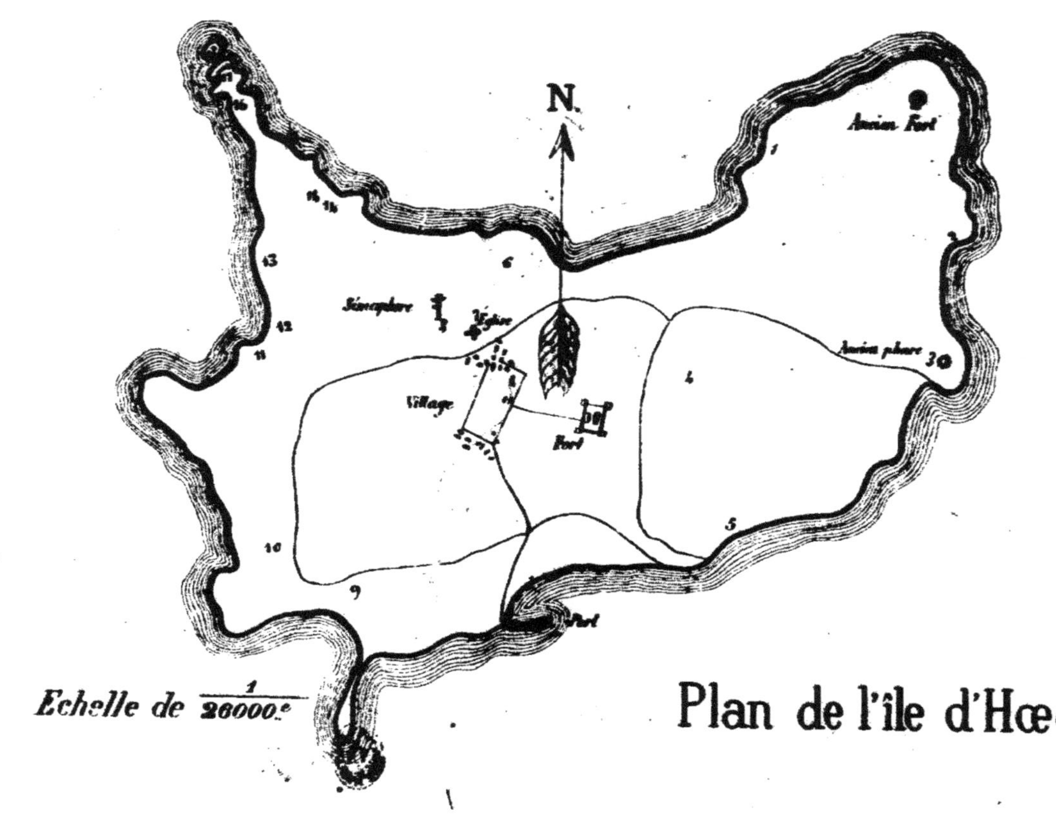

Plan de l'île d'Hœdic

2. — Débris de cuisine entre Pengarde et Carrec er Spagnol.

Sur le bord de la côte, un peu au Nord-Est de l'ancien phare, j'ai remarqué des débris de cuisine, et, parmi ces débris, j'ai trouvé un bel éclat de silex (16 octobre 1883).

3. — Menhir du Phare.

Dans la clôture de l'ancien phare, un menhir en granit de 3ᵐ,50 de haut, 2ᵐ,60 de large et 0ᵐ,35 d'épaisseur. Dans sa partie supérieure, cette dalle a été percée de part en part en deux endroits ; les trous mesurent 0ᵐ,02 de diamètre.

4. — Menhir de la Vierge.

Un peu à l'Ouest, un second menhir de 4ᵐ,10 de haut et de 2ᵐ,30 dans sa plus grande largeur. Ce menhir a été jadis surmonté d'une croix. A son sommet on a creusé une petite niche qui renferme une statuette de la Sainte Vierge.

5. — Rejets de cuisine a Ster-Flan.

Sur le bord de la côte, au Sud du menhir dont je viens de parler, on trouve, sur une certaine longueur, des rejets de cuisine : coquilles, os, poteries, etc. (27 novembre 1882).

6. — L'Argol.

On appelle Argol, à Hœdic, une partie de l'île située à une petite distance et au Nord du cimetière. Il y a là une petite plaine où surabondent les poteries, les éclats de silex et les morceaux de bouteilles en verre bleu, brun, etc. On y trouve aussi des amas de cendres, et, dans ces cendres, des coquilles et des os. Avant 1881, on y voyait aussi deux alignements de grosses pierres posées les unes près des autres. Ces alignements paraissent être des segments de circonférences. Le plus petit segment mesurait environ 50 mètres, et le plus grand 250. A l'une des extrémités du plus grand alignement, il y avait deux petits tas de cendres renfermant des coquilles, des os et des poteries. Ces alignements ont été détruits en 1880 ou en 1881. Cette petite plaine s'appelle, dans l'île, le cimetière des Anglais. Les poteries que j'y ai recueillies me paraissent anciennes. J'y ai trouvé aussi de gros morceaux de tuiles.

7. — COFFRES DE PIERRES.

Si l'on part du coin Nord-Ouest du cimetière d'Hœdic et que l'on se dirige vers le cimetière des Anglais, après avoir fait une douzaine de pas, on se trouve sur un coffre de pierres. Ce coffre est formé de pierres plates posées debout ; on en voit l'extrémité supérieure hors de terre. Il n'est pas recouvert. Il est rempli de sable et de pierres jetées en désordre. Au fond du coffre, il y a trois squelettes placés tête sur tête et pied sur pied. Autant que je m'en souviens, les pieds sont à l'Ouest et les têtes à l'Est. Avec ces squelettes bien conservés, je n'ai rien trouvé de remarquable ; il est vrai que je n'ai pas été jusqu'au fond du sépulcre. J'ai remis le tout en place, dans le même état.

A l'Est de ce coffre de pierres et à six ou sept pas de distance, il y en a un second auquel je n'ai pas touché. Près de ces tombes il y en avait encore d'autres jadis ; on les a démolies, et les ossements qu'on y avait trouvés ont été portés au cimetière. Des recherches dans cette partie de l'île en feraient probablement découvrir d'autres.

8. — ÉCLATS DE SILEX ET POTERIES.

Entre le Sémaphore et le cimetière, le vent, en emportant le sable, a mis à nu la terre noire dont j'ai déjà parlé. Pendant l'été de 1877, on y ramassa un beau fragment de vase pointillé qui fut vendu cinq francs à un touriste de passage dans l'île. Dans le même lieu, j'ai recueilli des éclats de silex et de la poterie.

9. — DOLMEN DE CROH ER BLEY.

Sur la côte Sud-Ouest, un dolmen en ruines. Sept supports du dolmen sont encore debout. La chambre mesurait 3 mètres de long sur 2 mètres de large.

10. — DOLMEN DE PORLOUIT.

Non loin du précédent, un second dolmen en ruines. Il est vis-à-vis du Porlouit. La chambre, presque circulaire, est formée de neuf supports, tous en place. Elle mesure 3 mètres dans son plus grand diamètre. J'y ai trouvé quelques grains de charbon.

11. — REJETS DE CUISINE.

A l'extrémité Sud du Portguen, beaucoup de débris de cuisine : os, coquilles, poteries, briques, cendres, etc.

12. — Un Vase.

A quelques pas et au Nord-Est des rejets de cuisine dont je viens de parler, le vent, en juillet 1877, en déplaçant une certaine quantité de sable, laissa à découvert un vase complet. Je le possède. Il mesure en hauteur 0^m,17, et autant, à peu près, dans sa plus grande largeur. Il a été fait au tour. Un peu au-dessous du collet, il porte une bande circulaire de dessins décoratifs imprimés au moule, lorsque la terre était encore molle. Je n'ai pas remarqué de semblables dessins sur la poterie des dolmens. Lors de sa découverte, ce pot ne contenait que du sable.

13. — Un Dolmen.

En suivant la côte du Portguen de l'endroit dont je viens de parler et en se dirigeant vers le Nord, après avoir fait une centaine de pas, on arrive à un dolmen qui paraît au niveau du sol. La table a glissé sur ses supports. Cette table mesure 3 mètres de long et 1^m,30 de large. Elle est assez régulière. Ce dolmen me paraît vierge.

14. — L'Aire du vieux Chateau (Lær er hoh Castel).

En continuant à marcher vers le Nord, on arrive bientôt à une petite aire circonscrite par une petite dune de sable. C'est l'aire du *vieux château*, ou du *vieux fort*, en breton : *er hoh Castel.*

15. — Rejets de cuisine.

Si l'on sort de l'aire du *vieux château*, en se dirigeant vers le Nord-Ouest, après avoir fait une cinquantaine de pas, on se trouve sur le bord de la côte Nord d'Hœdic, au lieu dit Portneué. Là on trouve encore, sur le bord même de la côte un peu escarpée, des cendres, des coquilles, des poteries, etc.

16. — Un Dolmen.

De ces débris de cuisine, si l'on se dirige vers la pointe de Coh-Castel, on remarquera bientôt à sa gauche un mamelon granitique. Sur le sommet de ce mamelon il y a une petite excavation. Les Celtes en avaient profité pour y construire la chambre d'un dolmen. Je l'ai fouillé le 9 décembre 1873. Quatre supports étaient encore en place. Il y avait à l'intérieur de la chambre une couche de terre d'une cinquantaine de centimètres d'épaisseur. Je crois que ce dolmen, à l'origine, avait été recouvert d'un tertre. Le vent et la pluie avaient fini par le faire disparaître. Dans la chambre j'avais trouvé une jolie petite hache en fibrolithe de 0ᵐ,032 de long et de 0ᵐ,019 de large, et, à l'extérieur de la chambre, une lame de silex, plate d'un côté, à deux arêtes médianes de l'autre, longue de 0ᵐ,125 et large de 0ᵐ,02 en moyenne.

17. — COH-CASTEL.

Du dolmen précédent à Coh-Castel il y a environ deux cents mètres.

On donne, à Hœdic, le nom de *Coh Castel*, vieux fort ou vieux château, à deux rochers assez élevés ; ce sont, je crois, les plus élevés d'Hœdic. L'un de ces rochers est îlot à toutes les pleines mers ; l'autre ne l'est encore qu'aux grandes marées ; mais dans un avenir prochain ils seront tous deux complètement séparés d'Hœdic. Les Celtes, qui aimaient les hauts lieux, ont laissé ici encore des traces de leur passage.

Dans son histoire d'Hœdic et d'Houat, l'abbé Delalande dit, à propos de ces deux rochers : « Contentons-nous de constater, d'après une » tradition orale de l'île, qu'à la pointe N.-O. d'Hœdic, sur le bord du » grand chenal, le général romain fit construire une tour pour la » protéger (er houh castel). Les numismates, à diverses époques, ont » rencontré sur ce point et sur d'autres aussi d'Hœdic et d'Houat, des » médailles romaines (Vespasien et César). »

Comme preuve de la découverte des médailles romaines à Coh-Castel, l'abbé Delalande renvoie à une lettre du 9 mai 1748 de M. de la Sauvagère, ingénieur en chef à Belle-Ile, et à l'histoire de Belle-Ile du P. Le Galen, p. 4.

L'abbé Delalande, professeur d'histoire naturelle au Petit-Séminaire de Nantes et membre de plusieurs sociétés savantes, a publié, en 1850, en une brochure de 120 pages, une histoire de nos deux îles vraiment intéressante et trop peu connue ; malheureusement elle est incomplète et inexacte en certains points. Les quelques lignes que je viens d'en extraire ne prouvent que trop cette dernière assertion.

D'abord la tradition orale n'existe pas. Ensuite, la pointe de Coh-Castel n'est pas sur le grand chenal. Le grand chenal, le grand passage entre Hœdic et Houat, est à une certaine distance de la pointe de Coh-Castel, à l'Ouest des rochers appelés les *Deux Sœurs* Le passage de Coh-Castel est dangereux à cause des rochers *Bazeu-Treiz, Coh-Carrec, Maen er Gal* et autres qui s'y trouvent et qu'on ne voit qu'à la basse mer.

L'examen minutieux des rochers de Coh-Castel ne permet pas de croire qu'il y ait jamais eu de tour. Du reste, coh castel veut dire *vieux fort, vieux château*, mais non *tour*. Que les restes de construc-tions mégalithiques que l'on y voit aient donné lieu à cette appellation de Coh-Castel, je le veux bien ; mais je crois ces ruines d'origine gauloise, antérieures probablement à l'arrivée des romains sur nos côtes. Si les médailles romaines dont parlent de la Sauvagère et le P. Le Galen y ont été trouvées, on ne peut pas en conclure rigoureusement qu'il y ait eu là une tour construite par les Romains. On trouve quelquefois des médailles et autres objets romains sur et même dans les monuments gaulois. Sur ces deux rochers je n'ai rien trouvé qui rappelât les Romains.

Parlons maintenant du rocher de Coh-Castel qui tient encore à Hœdic, nous parlerons de l'autre ensuite.

Le premier rocher de Coh-Castel mesure environ 70 mètres de long sur 15 de large. Il se dirige du Sud au Nord. Son extrémité Sud est élevée et composée d'un granit dur. Il s'abaisse ensuite graduellement jusqu'à son extrémité Nord qui est molle et rongée par la mer. Le long de son côté Est, il y a un alignement d'une trentaine de pierres plates, debout et placées toutes dans le même sens. Quelques-unes de ces pierres sont assez courtes, l'une des plus longues atteint 1ᵐ,60. Le long et à l'Ouest de cet alignement, il y a un pavé en pierres plates variant actuellement entre 2 et 8 mètres de large. L'extrémité Nord de l'alignement et du pavé a été détruit par la mer. Au pied d'un des menhirs, j'ai fouillé et trouvé quelques grains de charbon. Sur le coin Sud-Ouest de ce rocher, mais en dehors du pavé, j'ai trouvé :

1° Beaucoup de poteries très épaisses ;

2° Une pierre roulée, de forme ovale, ayant une échancrure à chacune de ses extrémités. Elle pesait plusieurs kilos. Elle a dû servir de peson de filet ;

3° De beaux fragments de silex.

Sur toute la surface de ce rocher on trouve beaucoup d'éclats de silex.

18. — Coh-Castel.

Le second rocher de Coh-Castel est taillé en pain de sucre, et séparé du premier de quelques mètres seulement.

J'ai grimpé sur ce rocher le 9 décembre 1873 pour la première fois. Presque à son sommet, sur le versant Sud, j'ai trouvé un peu de terre végétale dans un creux fait en partie par la nature et probablement en partie par les hommes. Sur cette terre, je ramassai quelques éclats de silex et quelques poteries semblables à celles des dolmens. Je vidai ce creux et je me trouvai en présence d'une chambre funéraire, non pas faite avec des dalles sur une éminence comme à l'ordinaire, mais creusée presque au sommet de ce rocher. J'examinai soigneusement cette terre, et j'y trouvai beaucoup d'éclats de silex dont quelques-uns intentionnellement taillés ; une certaine quantité de poteries et une belle pointe de flèche à ailerons en silex rouge. Un des ailerons fut cassé par l'outil du fouilleur, et, malgré toutes les recherches, ne fut pas retrouvé. Cette pointe de flèche mesure 0ᵐ,033 de long et 0ᵐ,028 de large.

Plusieurs fois depuis ce jour j'ai visité ce rocher de Coh-Castel, et chaque fois j'y ai recueilli des éclats de silex nombreux et des poteries, que la pluie avait mis à nu.

Disons adieu à Hœdic, et mettons à la voile pour Houat et ses îlots.

VESTIGES CELTIQUES A L'ILE D'HOUAT.

1. — ER YOH. (Le mulon.)

Nous arrivons à Houat et mettons pied à terre dans l'îlot appelé en celtique *Er yoh*, le mulon. Il se trouve au Nord-Est et à deux ou trois cents mètres d'Houat. Autrefois, il y avait une chaussée qui reliait ce rocher à l'île et permettait d'y aller à pied sec, aux grandes marées basses ; mais aujourd'hui elle est démolie. Aussi pour visiter ce rocher faut-il avoir une embarcation ou prendre un bain de pieds.

Vu de près, ce rocher est vraiment grandiose et pittoresque. Il peut avoir une cinquantaine de mètres de long et une dizaine de haut. Aux deux tiers environ de sa hauteur il y a un plateau couvert, au printemps, d'une luxuriante verdure. De ce plateau s'élève une pointe percée d'un grand trou que les Houatais appellent le *trou du diable, (toul en diaul)*. Saint Gildas à cheval et le diable voulurent sauter, un jour, de Rhuys à Houat. Le Saint y réussit, mais le diable n'arriva qu'au yoh où il traversa cette pointe qui surmonte l'îlot.

En mai 1883, j'ai trouvé sur ce plateau un amas considérable de rejets de cuisine. J'y ai recueilli :

1° Beaucoup d'ossements de diverses espèces d'animaux. Les os longs ont tous été cassés pour en extraire la moëlle probablement ;

2° Des nucléi et des éclats de silex, et des silex taillés intentionnellement ;

3° Deux polissoirs en grès ;

4° Un peson de filet. C'est un galet de forme ovale échancré aux deux bouts.

5° Quelques poteries pointillées et beaucoup de poteries épaisses et d'un travail plus ou moins grossier ; -

6° Une petite bille d'environ un centimètre de diamètre. Elle est percée d'un petit trou peu profond.

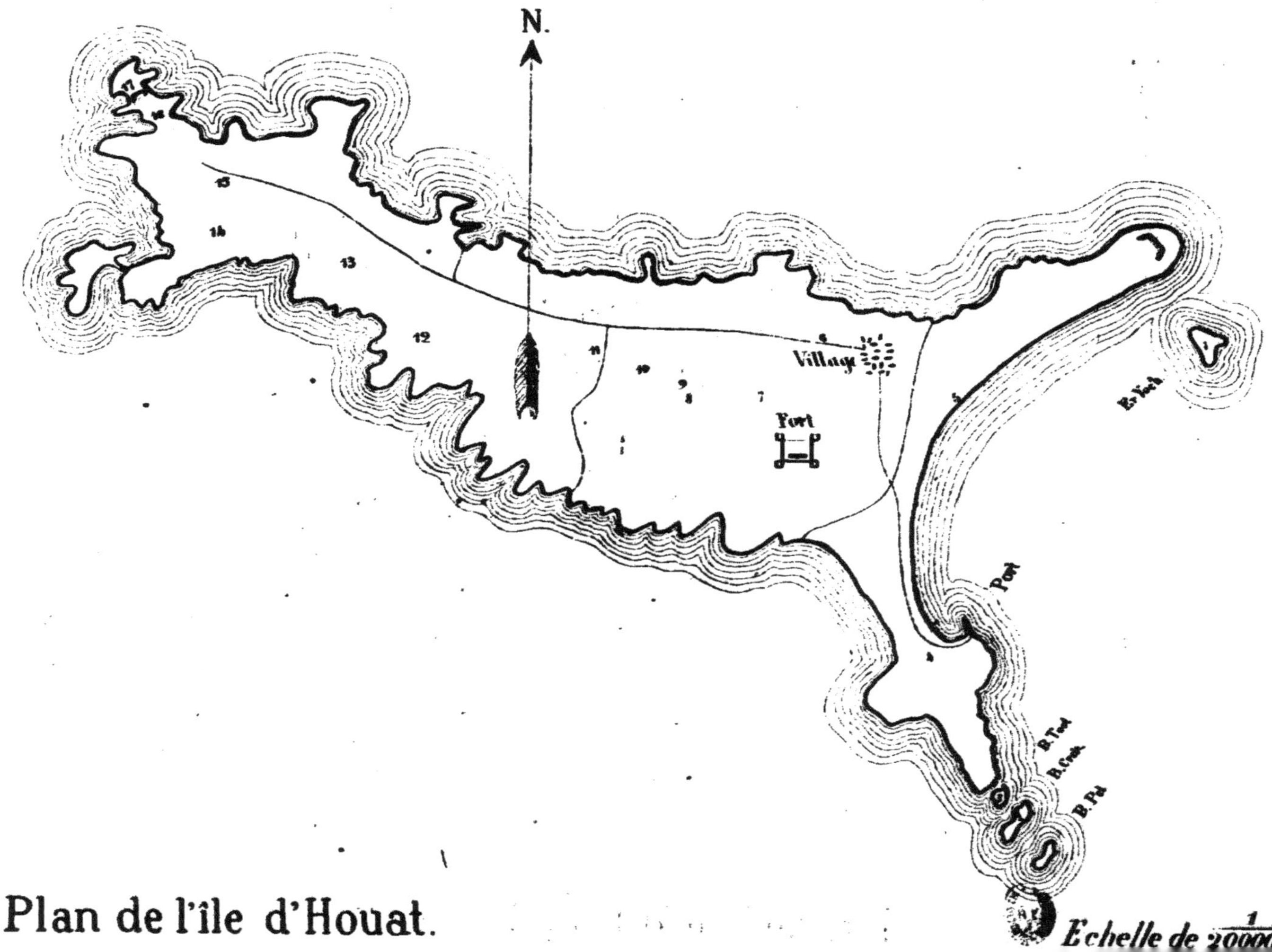

N.
Plan de l'île d'Houat.
Echelle de 1/20000e
Village
Fort
Port
B. Tud
B. Creih
B. Pd
E. Koch

2. — Baz Creiz. (Ilot du milieu.)

A la pointe Sud-Est d'Houat il y a trois îlots à une centaine de mètres l'un de l'autre. Le plus proche de l'île s'appelle *Baz tost* ; celui du milieu *Baz creiz* ; et enfin le plus éloigné, *Baz pèl.* Celui-ci est un rocher complètement dépouillé de terre végétale. Nous n'avons donc rien à y faire.

Le *Baz creiz* est un îlot d'environ deux cents mètres de long sur une centaine de mètres de large. A son extrémité Sud se voient les ruines d'un beau dolmen dressé sur le roc. Autour de ces ruines on trouve une grande quantité d'éclats et de nucléi de silex. On en trouve aussi sur le reste de l'îlot, mais en petit nombre.

3. Baz tost.

Cet îlot est à peu près de la même grandeur que le précédent. On y trouve des éclats de silex.

HOUAT.

Nous sommes enfin à Houat. Sa superficie cadastrale est de six cents hectares, sa plus grande longueur de quatre kilomètres et sa plus grande largeur de onze cents mètres. Il y a 270 habitants, cent de moins qu'à Hœdic. Sa constitution géologique est la même que celle d'Hœdic et de Quiberon, dont nous avons déjà parlé : granit et terre végétale, recouverte, par endroits, de dunes de sable. On trouve autour du bourg une couche assez épaisse de terre glaise de couleur jaune, rouge et blanche, sur le granit et sous la terre végétale. L'île est traversée par un filon de micachiste se dirigeant du Nord-Est au Sud-Ouest. Il part du Loaric, passe à l'Est du bourg et aboutit à Tréh-Saluz. Sur les plages d'Houat on trouve, en abondance, du sable rougeâtre contenant de petites gemmes de différentes natures, de l'étain et de l'or, mais en petite quantité. On a voulu utiliser ces gemmes pour faire de l'émeri, et extraire l'étain et l'or ; mais on y a renoncé. La compagnie des émeris de l'Ouest, dont le siège est à Redon, pourrait peut-être utiliser ce sable précieux. Cela dit, examinons sommairement les vestiges qu'ont laissés à Houat nos ancêtres.

4. — Touleu-breh.

Près et au sud du port, un carré de dix mètres de côté, en maçonnerie grossière. Ce muret est fait de petites pierres de petites dimensions et sans mortier. Il peut avoir une hauteur et une largeur moyenne de quarante centimètres. J'y ai trouvé un éclat de silex et deux ou trois petits morceaux de poteries qui me paraissent anciennes. La tradition locale est muette sur ces ruines.

5. Sur la côte de la rade ou de Treh er Gourett.

Le vent, en emportant le sable, a mis le sol à nu. J'y ai recueilli un fragment de pot qui me paraît également ancien.

6. — Au Runn.

Au Runn, à l'Ouest et près du village, en janvier 1878, pendant qu'on y ouvrait un chemin, on trouva un fond de vase qui me semble être de l'époque celtique.

7. — Un menhir.

Au champ appelé *le menhir*, un menhir en granit, debout. Il mesure hors de terre 2^m,20 de haut, 0^m,70 de large et 0^m40 d'épaisseur. L'une de ses faces regarde l'Est, l'autre l'Ouest.

8 et 9. — Deux menhirs.

Dans le même champ, à environ cinq cents mètres à l'Ouest du précédent, deux menhirs renversés et roulés l'un près de l'autre. On les appelle *men plad*, pierres plates. L'un d'eux, n° 8, mesure 4^m,10 de long, 1^m,50 de large et 0^m,70 d'épaisseur. L'autre, n° 9, est couvert de terre en son milieu. Il a 3^m,50 de long.

10. — Un menhir.

Au Nord-Ouest et à une petite distance des précédents, un quatrième menhir en quartz, renversé. On l'appelle *men-guen*, pierre blanche. Longueur 3^m,75 et largeur 0^m,70.

Un cinquième menhir situé dans le champ du *Menéguen* a été détruit lors de la construction du fort, 1852-1854.

11. — Ar er stang vras.

Nous sommes au milieu et sur le point culminant de Houat. Quel bel horizon autour de nous ! Quel magnifique panorama ! Ici Belle-Isle avec ses falaises ; là Quiberon avec ses blanches maisons de Portmaria et du Porthaliguen. Plus loin, Carnac avec le tumulus de Saint-Michel, puis Locmariaquer, la presqu'île de Rhuys que domine la butte de Tumiac. Là-bas, l'entrée de la Vilaine, la côte rouge de Piriac, la pointe du Croizic, puis enfin l'océan et le ciel, le ciel et l'océan.

Un riche Celte, habitué à jouir du spectacle de la mer, toujours changeant et toujours si beau, et à respirer cet air si pur, si bienfaisant, a choisi ce lieu pour sa sépulture. Son tombeau a dû avoir été remarquable ; mais ici comme partout, les siècles ont passé en faisant leur œuvre, et, plus destructeur que les siècles, ici ont passé également les Vandales qui ne respectent rien, pas même le domaine de la mort. Ce tombeau a été fouillé, il y a longtemps et bouleversé. Le terrain environnant est aussi haut que l'emplacement du dolmen. Un sable fin, apporté de la plage voisine par le vent, recouvre toute cette partie inculte de l'île, et nivelle parfaitement ce lieu. L'herbe et l'ajonc y poussent. Les traces du tombeau celtique ont disparu. Un seul support laisse voir deux ou trois centimètres de son extrémité supérieure, puis, à six ou sept pas, plus à l'Ouest, on voit une grande dalle aux angles arrondis par la mer, et à moitié recouverte de terre.

Le lieu où se trouve ce dolmen s'appelle *ar er stang rras*, sur le grand vallon.

J'ai fouillé ce dolmen le 23 et le 24 février 1882.

Je commençai mes recherches à l'Est et assez loin d'un support. Je menai la fouille sur une assez grande largeur et la poussai jusque sous la grande dalle de l'Ouest. Le dolmen a été construit sur le roc. Cinq supports sont encore en place. Ils ont environ un mètre de haut. La largeur du dolmen dans œuvre mesure 1^m,70 et la longueur de 2^m,20, en supposant que les trois supports du côté Sud donnent exactement cette longueur. La pierre de recouvrement n'est plus en place. Elle a 1^m,70 de long et 0^m,90 de large. Entre les supports du Sud il y avait un petit intervalle rempli par une maçonnerie en pierres sèches.

Voici l'énumération des objets trouvés dans ce dolmen bouleversé déjà..

1° Une petite pièce de monnaie portant trois fleurs de lys. Nous l'avons trouvée au commencement de la fouille, presque à la superficie du sol.

2° Des grains de charbon dans toute la fouille.

3° Un petit fragment de verre.

4° Deux petits morceaux de fer oxydés.

5° Une petite boucle en bronze.

6° Un petit morceau de bronze.

7° Une certaine quantité de poteries dont une partie pointillée.

8° Une pendeloque triangulaire.

9° Des ossements humains ou des ossements d'animaux.

10° Quelques silex taillés ; beaucoup d'éclats et quelques nucléi.

12. — Un dolmen ruiné.

A quatre ou cinq cents mètres, et à l'Ouest du dolmen précédent, dans les ajoncs, on trouve une dizaine de gros blocs de granit. Ce sont, je crois, les débris d'un fort dolmen ruiné.

13. — Autre dolmen ruiné.

En suivant la même direction, à deux cents mètres environ plus loin, on voit encore les ruines d'un dolmen.

14. — Un petit tertre.

Dans la même direction et à environ trois cents mètres plus loin, on descend dans une petite plaine entourée d'une dune de sable dont l'élévation varie entre deux et trois mètres. A l'extrémité Sud de cette plaine on trouve un petit tertre composé de pierres roulées et de sable. Il a douze mètres de diamètre et un peu plus d'un mètre d'élévation.

Les deux dolmens dont je viens de parler et ce tertre sont à fouiller.

15. — Dolmen du Goh-velin, ou mieux du Groh-velén.

Goh-velin veut dire vieux moulin. En ce lieu on ne voit aucune trace de moulin, aussi suis-je porté à croire que le vrai nom de cette pointe est *groh-velén* (grotte jaune.) Sur cette éminence on trouve les ruines d'un dolmen qui a été recouvert d'un tertre mesurant encore actuellement une douzaine de mètres de diamètre. Le dolmen était précédé, à l'Est, d'une allée couverte. Je l'ai fouillé au commencement de mars 1892 et j'y ai trouvé :

1° Quelques fragments de poterie.

2° Des éclats de silex.

3° Quelques grains de charbon.

Il avait été bouleversé.

16 et 17. — Béniquet.

A la pointe du Béniguet, à l'Est et à l'Ouest de la batterie, on trouve beaucoup d'éclats de silex.

18. — Er Valhuec.

Le second îlot que l'on trouve à l'Ouest d'Houat, en se dirigeant vers Quiberon, s'appelle *Er Valhuec*. Il appartient à Houat. Il peut avoir trois cents mètres de long sur deux cents de large. Je l'ai visité le 31 mai 1883. Il est entouré de rochers rongés par la mer et d'un aspect sauvage. A notre arrivée, un grand nombre de goëlands s'assemblèrent au-dessus de nous en poussant des cris perçants. Ils tournoyaient dans l'air à une assez grande hauteur, s'abattaient sur de petits poissons qu'ils avalaient de suite ou qu'ils allaient déposer sur les rochers voisins. Nous trouvâmes un certain nombre de ces poissons que desséchait un soleil ardent. Sur les rochers qui entouraient l'îlot nous trouvions fréquemment des nids de goëlands, consistant en trois ou quatre brins d'herbe, sur lesquels il y avait deux ou trois œufs de couleur terreuse. Sur l'îlot, les nids de goëlands étaient encore plus nombreux. J'avais vu souvent et non sans étonnement des enfants de Quiberon et d'Houat apporter des panerées d'œufs de ces îlots ; mais je compris alors que la chose ne leur était pas difficile. J'eus bientôt fait le tour de l'îlot. Je voulus ensuite en explorer l'intérieur, ce qui n'était pas absolument facile ; car il y avait une herbe abondante et ayant, par endroits, plus d'un mètre de haut. J'y trouvai bientôt un mur en grosses pierres sèches, haut, en moyenne, de cinquante centimètres et long de douze mètres. Je ne voyais pas la raison d'être de ce mur. Au Sud et à une petite distance de celui-ci, j'en découvris bientôt un second, circulaire, formant un peu plus d'une demi-circonférence. Il a environ 5 mètres de rayon et 27 mètres de long. Il est fait de la même manière que le premier et a la même hauteur.

A quelle époque remontent ces murs ? Qu'étaient-ils à l'origine ?
La parole est aux maîtres.

Hissons la voile, levons l'ancre et mettons le cap sur Quibéron.

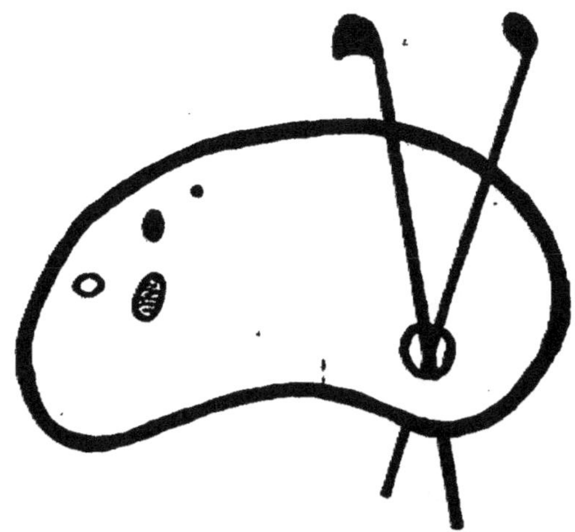
DEBUT D'UNE SERIE DE DOCUMENTS
EN COULEUR

www.ingramcontent.com/pod-product-compliance
Lightning Source LLC
Chambersburg PA
CBHW051426060726

47596CB00006B/2386